Ciencia en el parque
Playground Science
La ciencia y la ciudad
CITY SCIENCE

Thomas F. Sheehan
Traducido por Esther Sarfatti

Rourke
Publishing LLC
Vero Beach, Florida 32964

www.rourkepublishing.com

PHOTO CREDITS: Cover © Getty images; title page © Ivan Philipou; page 4 © Painet, Inc.; pages 6, 12 © Photodisc; page 9 © Timothy Vacula; pages 15, 16, 17, 18, 20, 22, 23 © P.I.R.; page 21 © Image 100 LTD

Consulting editor: Marcia S. Freeman

Library of Congress Cataloging-in-Publication Data

Sheehan, Thomas F., 1939-
  [Playground science. Spanish]
  Ciencia en el parque / Thomas F. Sheehan.
    p. cm. -- (Ciencia citadina)
   ISBN 1-59515-667-4 (hardcover)
   1. Motion--Juvenile literature.   I. Title. II. Series.
  QC133.5.S5418 2006
  531'.112--dc22
                                        2005023831

Printed in the USA

CG/CG

Contenidos
Table of Contents

Ciencia en el parque

En los parques de la ciudad hay muchos lugares divertidos para jugar. Pero, ¿sabías que la zona de recreo del parque de tu barrio o de tu escuela es un buen sitio para aprender ciencia? Puedes aprender acerca del movimiento y la **energía**. Puedes aprender acerca del equilibrio.

Playground Science

City playgrounds have lots of fun equipment to play on. But did you know that your neighborhood or school playground is also a good place to learn about science? You can learn about motion and **energy**. You can learn about movement and balance.

Movimiento y energía

Puedes moverte de muchas maneras cuando juegas en el parque. Puedes empujar y jalar, puedes subir y bajar. Puedes deslizarte y puedes columpiarte o girar. Todo este movimiento requiere energía.

Motion and Energy

You can move in all sorts of ways in a playground. You can push and pull, and you can go up and down. You can slide and glide, you can swing and spin. All this movement takes energy.

Trepar requiere energía.

Climbing takes energy.

El juego de tirar de la soga requiere bastante **esfuerzo**. Todos los miembros del equipo usan energía para jalar juntos. ¡Normalmente gana el equipo que usa más energía!

A tug of war takes a lot of **effort**. Everyone on the team uses energy to pull together. The team that uses the most energy usually wins!

Equilibrio
Balance

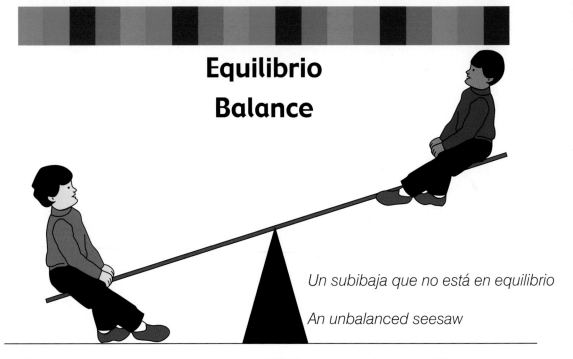

Un subibaja que no está en equilibrio

An unbalanced seesaw

Probablemente sepas que es difícil conseguir el equilibrio en un subibaja si una de las dos personas pesa más que la otra. ¡La persona que pesa más baja de golpe! ¡A veces la persona que pesa menos puede salir volando del otro extremo si no se agarra fuerte!

You probably know it is hard to balance a seesaw if one person is heavier than the other. The heavier person goes down with a bump! Sometimes the lighter person will go flying off the other end unless he or she hangs on tight!

10

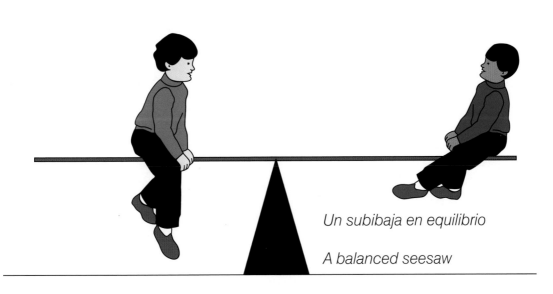

Un subibaja en equilibrio

A balanced seesaw

Sin embargo, el equilibrio se puede conseguir si la persona que pesa más se acerca a la parte central del subibaja. El equilibrio depende tanto del peso como de la distancia de cada uno al centro. Pruébalo con un amigo.

But if the heavier person moves closer to the middle of the seesaw, that person can balance the seesaw. Balance depends on both your weight and how far you are from the middle of the seesaw. Try this with a friend.

Fricción

Un tobogán resbaladizo te hace bajar rápido. Bajas deprisa porque no hay mucha fricción entre tu ropa y el tobogán.

Si quieres ir más despacio, puedes añadir más fricción. Simplemente, aprieta tus zapatos contra los lados del tobogán. La fricción es la fuerza que te hace ir más despacio cuando tu ropa o tu piel rozan la superficie del tobogán.

Friction

A slippery slide gives you a fast ride. You go fast because there is not much friction between your clothes and the slide.

If you want to slow down, you can add more friction. Just press your shoes against the sides of the slide. Friction is the sticky force that slows you down when your shoes or skin rub the surface of the slide.

La fricción te ayuda a agarrarte a los juegos del parque con las manos. Tu piel está pegajosa en comparación con la superficie del tubo. ¿Qué pasaría si trataras de agarrarte con las manos cubiertas de mitones de lana?

Friction helps you to hang by your hands. Your skin is sticky compared to the pipe. What might happen if you tried to hang by your hands in woolly mittens?

Movimiento elástico / Elastic Motion

¿En tu parque hay juegos con muelles donde puedes montar y rebotar? Los muelles son pedazos largos de cable en forma de espiral. Cuando doblas un muelle, vuelve en seguida a su forma original. Tu peso y tu movimiento se guardan como energía en el muelle cuando éste se inclina. La energía hace que el muelle rebote otra vez. ¡Boing! Así vas de atrás hacia adelante.

Does your playground have springy things to ride or bounce on? Springs are long pieces of wire wound in a tube shape. When you bend a spring, it bounces back to its original shape. Your weight and motion store energy in the spring as it bends. The energy makes the springs bounce back again. Boing! Back and forth you go!

Tu energía se guarda en los muelles de un trampolín cuando saltas sobre él. Cuando los muelles estirados vuelven a su posición, hacen que rebotes otra vez hacia arriba.

When you jump on a trampoline, the springs store up your energy. When the stretched springs bounce back, you are tossed back up into the air.

Movimiento de columpio

Necesitas energía para montar en el columpio. Usas energía cuando doblas las piernas y el cuerpo para "bombear" el columpio. El columpio sube más y más.

Después, la **gravedad** te jala otra vez hacia abajo. Eso hace que vayas más y más rápido. Luego subes en la otra dirección.

Tu velocidad aumenta cuando bajas y disminuye cuando subes otra vez. Al ir hacia abajo, ¿no sientes una sensación extraña cuando aceleras?

Swinging Motion

It takes energy to enjoy the swings. You use energy when you "pump" the swing with your legs and body. The swing goes higher and higher.

Then, **gravity** pulls you back down. You go faster and faster. Then up you go the other way.

Your speed increases as you go down and decreases as you go up again. On the way down, doesn't it feel funny as you accelerate?

Movimiento rotatorio / Rotary Motion

Cuando giras en un juego del parque, estás rotando. Rotación significa que giras alrededor de un punto. Las peonzas y los molinetes giran. Tienen un movimiento rotatorio. Si giras mucho puedes marearte.

When you're on a spinning playground ride, you are rotating. Rotation means going around and around in one spot. Tops and pinwheels spin. They have rotary motion. Spinning can make you dizzy.

Las ruedas de tus patines rotan. Te permiten ir bastante deprisa en una superficie lisa. Hay poca fricción entre tus ruedas y la superficie.

Los protectores de codos y rodillas impiden que la fricción te haga rasguños en la piel. ¿La zona de recreo de tu parque o de tu escuela es un buen lugar para patinar?

The wheels on your roller-blade skates rotate. You can go fairly fast on a smooth surface. There is little friction between your wheels and the surface.

Elbow pads and kneepads prevent friction from scraping your skin off. Is your school or neighborhood playground a good place to skate?

Es buena idea usar un casco.

Wearing a helmet is a smart move.

Rampas y escaleras

Las rampas te ayudan a subir o bajar de un nivel a otro. Las escaleras, como las rampas, te permiten subir o bajar fácilmente y sin riesgos. Las escaleras y las rampas son superficies **inclinadas**.

Ramps and Stairs

Ramps lead you up or down from one level to another. Stairs, like ramps, take you up or down easily and safely. Stairs and ramps are **inclined** walkways.

Las rampas y las escaleras pueden convertir un salto grande en unos pasos fáciles. ¡Aunque a veces puede ser más divertido saltar aunque te hagas un chichón!

Ramps and stairs can turn a big jump into a few easy steps. But sometimes it is more fun to jump and maybe take a lump!

Glosario / Glossary

energía — cualquier fuerza que puede hacer algo
esfuerzo — el uso de energía para hacer algo
gravedad — una fuerza que jala los objetos hacia la Tierra
inclinado(a) — apoyado o torcido hacia un lado

effort (EF urt) — use of energy to do something
energy (EN ur jee) — any force or power that can do something
gravity (GRAV ut ee) — a pulling force from the earth
inclined (IN KLYND) — slanted surfaces

Lecturas adicionales / Further Reading

Madgwick, Wendy. *On the Move.* Raintree Steck-Vaughn, 2000
Welsbachre, Ann. *Levers.* Capstone 2000
Whitehouse, Patty. *Friction.* Rourke Publishing, 2004

Acerca del autor / About the Author

Thomas Sheehan vive, respira y enseña ciencias en el estado de Maine. Como escritor, está agradecido a los Departamentos de Inglés de las Universidades de Cornell y SUNY por despertar su interés en la buena escritura, al libro de E. B. White, "Elements of Style", por pulir su estilo, y a los editores del periódico Bangor Daily News por imponerle disciplina.

Thomas Sheehan lives, breathes, and teaches science in Maine. He credits the English Departments at Cornell University and SUNY for awakening his interest in good writing, E. B. White's *Elements of Style* for smoothing out the wrinkles, and the editors at *The Bangor Daily News* for discipline.